LA LÉGITIMITÉ

DE LA

IVe DYNASTIE

Suivie d'un Appendice intitulé

LES ÉTRENNES DE L'IMPÉRATRICE

PAR

M. JUSTIN FÈVRE

> Les princes doivent se souvenir qu'ils sont les élus
> du peuple ; mais il faut rappeler aux peuples que les
> princes sont les élus de Dieu.
> (J. DE MAISTRE, *Correspondance diplo-
> matique.*)

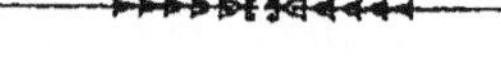

PARIS

CHEZ DENTU, LIBRAIRE-ÉDITEUR

PALAIS-ROYAL, GALERIE DE VALOIS.

1863

Cet opuscule n'est point une théorie de spéculation politique, moins encore une vaine contestation pour ou contre la pratique du Gouvernement ; c'est purement et simplement une étude sur une question morale, une discussion sur *un devoir de conscience*. L'auteur n'ignore pas que son travail, renfermé dans les austères limites du devoir, n'a que plus de chances de déplaire. C'est l'usage aujourd'hui que chaque citoyen fasse comparaître à son petit lever tous les gouvernements de la terre, et leur distribue, suivant l'humeur de son journal, des félicitations ou des censures. En France, cette manie jugeuse a trouvé, dans les alarmes des croyances et l'irritation de certains intérêts, un surcroît d'âpreté. Sans apprécier ici les raisons que peuvent appeler en leur faveur les convictions honorables et pourtant hostiles , il n'a paru que plus nécessaire , en admettant la justesse des récriminations, de prêcher le devoir de l'obéissance. Un souverain ne relève pas que *de Dieu et de son épée,* comme disait le Manuel-Dupin au sujet de Louis-Philippe ; il relève encore moins de la foule des sujets. Certains hommes, dans l'Etat et dans l'Eglise, ont le droit et quelquefois le devoir de faire entendre des remontrances ; les autres, surtout dans ces circonstances, ne doivent pratiquer qu'une plus stricte soumission. *Tes père et mère honoreras,* dit le Décalogue. Notre souverain est aussi notre père ; nous lui devons donc l'honneur, l'obéissance, tous les égards respectueux et affectueux qui sont dus à la seconde Majesté. C'est ce que vient dire à ses compatriotes l'auteur de cet opuscule. Si tous les hommes sérieux se pénétraient bien des obligations de conscience que leur impose l'ordre politique, il semble que la patrie y trouverait bonne fortune. Tel est notre désir ; Dieu veuille que ce soit notre récompense.

J. F.

Riaucourt, ce 7 septembre 1863.

LA LÉGITIMITÉ DE LA DYNASTIE

> Rien n'est plus importun qu'un maladroit ami ;
> Mieux vaudrait un sage ennemi,

disait notre fabuliste. Voltaire, qui avait autant d'esprit que Lafontaine, disait à son exemple : « Mon Dieu, délivrez-moi de mes amis ; pour mes ennemis, je m'en charge. »

Cette saisissante maxime est surtout applicable aux souverains. Ce n'est pas que les souverains aient beaucoup d'amis, tant s'en faut ; à part quelques dévouements exceptionnels, ils en sont même, à l'ordinaire, absolument privés. En revanche, ils ont toujours, près d'eux et au loin, des nuées de flatteurs absurdes qui, sous prétexte de les servir, les compromettent et les perdent souvent en croyant les défendre.

Il ne faut pas croire que les changements dynastiques soient choses nouvelles. Les peuples eux-mêmes passent, à plus forte raison les familles régnantes. L'histoire est le martyrologe des rois. Mais lorsqu'on vient à chercher la cause dernière de la chute des trônes, on voit qu'elle est rarement le fait de leurs ennemis. Les trônes ont toujours été attaqués : c'est leur devoir et leur honneur de se maintenir au milieu des attaques. S'ils viennent à tomber, il n'y a d'ordinaire à leur renversement d'autre raison, après la faiblesse des rois, que l'aveuglement de leurs amis.

J'ai distingué à l'horizon un petit point noir, et je viens dire : « Amis du trône impérial, prenez garde à vous ! »

I.

Le mal que j'ai découvert touche à l'origine, partant à la légitimité de la dynastie.

En montant sur le trône de Napoléon Ier, Napoléon III s'est intitulé : « Empereur, par la grâce de Dieu et la volonté de la nation. » Cette formule exprime heureusement les principes du droit ; elle s'inspire des traditions de notre histoire, elle pare aux éventualités périlleuses de la succession et garantit l'avenir de la France. Désormais notre droit politique se ramène à ces trois termes : la grâce de Dieu, autrement l'ensemble des principes chrétiens sur la constitution du pouvoir ; — la volonté nationale, désignant par son suffrage le dépositaire de l'autorité, — et l'hérédité, maintenant dans une famille l'autorité confiée à son chef sous la garde de Dieu.

A propos d'événements récents, ces éléments du droit public ont été singulièrement oubliés.

En fait, il n'y a rien de commun entre des populations fanatisées qui s'insurgent contre un prince faible pour se précipiter dans les aventures, et un peuple au dépourvu qui se donne, après réflexion, avec maturité et d'un vœu unanime, le chef de son choix ; — rien de commun entre un roi qui donne la main aux plus tristes révolutionnaires à seule fin d'escamoter des provinces, et un empereur « maître de la révolution » qui se propose à la nation dont sept ou huit millions de suffrages expriment la volonté.

En principe, il n'y a aucune solidarité à établir entre des gouvernements qui, sous prétexte de droit nouveau, mettent leurs attentats sous la protection du sophisme, et un gouvernement qui, en reconnaissant, par exemple, le royaume d'Italie, fait toutes les réserves qu'exige l'intégrité du vieux droit.

Et pourtant combien n'avons-nous pas entendu de discours où il n'est plus question que du peuple, des besoins du peuple, des vœux du peuple, de l'intervention du peuple dans le choix d'un souverain et la direction d'un gouvernement, absolument comme si le peuple était la loi suprême, comme si sa volonté, plus ou moins clairement exprimée, avait la vertu de modifier sans cesse les lois politiques.

De pareils discours vont à l'encontre des principes éternels de l'ordre, méconnaissent la constitution écrite de la France, impliquent le gouvernement français dans les plus compromettantes solidarités, et partant constituent un péril.

En dénonçant ce péril, je n'entends pas exagérer l'influence des doctrines politiques sur l'ordre social. Le danger que créent à la société les idées démagogiques vient moins encore de leur fausseté que de l'affaiblissement de la foi et de la corruption des mœurs. Le premier principe de l'ordre, c'est la vertu des citoyens. Si les citoyens manquent des qualités de l'esprit, du cœur et du caractère, leurs passions troublent l'équilibre moral du monde, et il faut alors surveiller davantage les idées. Une idée fausse, dans ces conjonctures, n'est plus seulement une erreur ; c'est une arme de révolte, un instrument de ruine.

Toutefois, en réagissant contre l'erreur, il faut se défendre de l'exagération. Les doctrines exagérées n'assurent ni la liberté des peuples ni la force des gouvernements : les uns et les autres ont besoin de la vérité et de la justice, seuls fondements sur lesquels on puisse bâtir avec espérance de stabilité. Etrange anomalie, mais justice de la Providence : les maximes plus favorables à la liberté ne se répandent guère que pour mettre la liberté en péril, et les indignes adulations prodiguées aux pouvoirs ne sont qu'un symptôme de révolution. A quelle époque le pouvoir des rois a-t-il été plus vanté que dans l'ancien régime ? De toutes les contrées de l'Europe s'élevait la voix du plus fervent royalisme. Quelques années plus tard, qu'était devenu ce grand zèle pour la monarchie ? Les courtisans, dégénérés en démagogues, ne faisaient de leurs anciennes flatteries qu'un titre pour se livrer aux plus atroces violences.

Les peuples et les gouvernements ne doivent jamais perdre de vue cette règle de conduite si utile aux hommes sages : Se défier de qui les flatte, s'attacher à qui les avertit et les reprend. Qu'ils y fassent attention, lorsqu'on les caresse avec une tendresse affectée, lorsque l'on soutient trop chaudement leur cause, c'est un signe qu'on ne veut guère faire d'eux que les instruments de son intérêt.

II

Pour couper court aux abus de langage en matière dynastique, il faut exposer les principes qui constituent la légitimité des souverains. Indépendamment de la circonstance qui rend cette exposition opportune, il y a intérêt à la faire pour éclairer l'opinion. Nombre d'adversaires, sans songer seulement à se mettre d'accord avec eux-mêmes, accusent l'Eglise d'encenser le despotisme, d'incliner vers l'anarchie, de nuire au développement du bien-être et de contredire les généreuses aspirations du progrès. Ces accusations s'appuient *non sur des doctrines définies*, mais sur des opinions particulières, des allégations gratuites, des inventions malveillantes. Par cette tactique déloyale, on a tellement égaré la raison européenne, qu'il est aujourd'hui plus nécessaire que jamais de bien définir la politique chrétienne. Un moyen infaillible de démasquer le sophisme et de mettre à néant de ridicules déclamations, c'est de distinguer les questions et de préciser les principes suivant les données de la doctrine catholique. Cette méthode prête moins à l'intérêt, mais plus à la justesse, et, dût diminuer le charme de la lecture, il faut sauver d'abord les droits de la vérité.

La première question à poser est celle *de l'origine* du pouvoir civil. Saint Paul l'a résolue d'un mot : « Tout pouvoir, dit-il, vient de Dieu ; » autrement, l'autorité est *de droit divin*, ou, si l'on veut, *par la grâce de Dieu*. Est-ce à dire que le pouvoir vient directement de Dieu aux rois, et que chaque prince, à son avènement, reçoit du Ciel une bulle d'institution ? Non ; pas un docteur ne l'a enseigné, pas un catholique ne le pense. L'homme est un être social, comme dit Aristote, et la société, nécessaire à l'homme, ne saurait exister sans souverain. Dieu a donc créé cet être moral qu'on nomme la souveraineté ; il a institué le pouvoir de gouverner, et c'est en vertu de cette institution que commandent tous les princes. Dieu est la raison première, la source originaire de tous les pouvoirs.

Tout pouvoir étant divin dans son origine l'est par-là même dans ses fonctions. Un prince est un ministre de Dieu ; ses lois doivent être des déterminations et applications de la loi de Dieu. En vertu de ce caractère et dans ces conditions, il a droit rigoureux à l'obéissance ; et Dieu, qui le charge d'exercer dans le monde la charge d'une providence visible, fait rayonner sur le front du prince un reflet de sa majesté.

Maintenant, comment le pouvoir institué de Dieu est-il *communiqué* et *transmis* à celui qui l'exerce dans la société ? — La révélation divine a laissé ces deux questions sans réponse, et l'Eglise, organe divin des définitions dogmatiques, est restée elle-même dans une magnifique réserve. A défaut d'oracles, recueillons les opinions des docteurs ; écoutons saint Thomas, l'ange de l'école ; Bellarmin, le théologien en quelque sorte officiel de l'Eglise romaine ; Suarez, en qui l'on entend tous les maîtres, et les théologiens, ces sages de la science en qui toute

vérité a trouvé un habile interprète, toute erreur un vigoureux antago-
niste. Le pouvoir, disent-ils en chœur, vient de Dieu au prince *par
l'élection du peuple.* Dieu a mis la multitude dans la nécessité d'être
gouvernée, et lui a donné par conséquent, dans le fait de cette nécessité,
le droit de se choisir un gouvernement. Le gouverneur choisi reçoit,
moyennant l'élection du peuple, l'investiture de l'autorité, et alors com-
mencent pour lui le devoir et le pouvoir de régir la multitude comme
elle se régirait elle-même directement, si elle en avait la possibilité.

Et voilà à quoi se réduit ce fameux *droit divin* que l'on oppose si
fréquemment et si sottement aux *droits du peuple.* Le droit divin bien
entendu ne s'oppose point aux droits du peuple, mais à ses excès; loin
d'étendre démesurément les attributions du pouvoir, il les renferme dans
les limites de la raison, de la justice, de la convenance publique et de la
tradition nationale.

Parler autrement, c'est cesser de raisonner et se déshonorer.

Aussi le prince catholique, dit le comte de Maistre, a toute la puissance qui ne suppose pas la tyrannie proprement dite, et le peuple toute
la liberté qui n'exclut pas l'obéissance indispensable. Le pouvoir est
immense sans être désordonné, l'obéissance parfaite sans être vile. C'est
le seul gouvernement qui convienne aux hommes de tous les temps et
de tous les lieux; les autres ne sont que des exceptions ou des énormités.

Tant qu'un prince se renferme dans les limites de son pouvoir et en
remplit les charges, le peuple lui doit soumission. Mais lorsque ce
prince vient à mourir, la nation rentre-t-elle dans son droit primitif
d'élire le successeur? A cet égard, il n'y a rien de défini en principe;
il faut s'en rapporter, en fait, à la constitution du pays. Dans une république, on n'attend pas toujours la mort du président pour en
choisir un autre; dans une monarchie, quelquefois il y a élection à
chaque décès de souverain; le plus souvent, le souverain mort saisit
son fils de la succession au trône. L'hérédité sans doute a bien quelques
inconvénients et la difficulté pour un homme de sens est moins de les
découvrir que de s'en taire. Mais, tout bien pesé, il faut dire que la
transmission héréditaire du pouvoir est le meilleur système de gouvernement.

<h3 style="text-align:center">III</h3>

Comment ces principes ont-ils été appliqués, en France, dans tout le
cours de notre histoire?

Il ne manque pas de Français pour s'imaginer que la souveraineté
nationale est une nouveauté et que la quatrième dynastie a eu seule le
baptême populaire. Une telle ingénuité prouve que ces Français connaissent peu les fastes de leur pays. L'ignorance a bien sa cause dans la
complicité des historiens avec l'absolutisme de l'ancien régime. Après
la suppression des États-Généraux, Vély, Daniel et autres, pour
échapper à la censure, négligèrent de parler du concours du peuple
dans le vote des impôts et la consécration des dynasties. Ce qui étonne,
c'est qu'un Sismondi, un Michelet, que leurs principes démocratiques
devaient rendre plus attentifs à recueillir le titres de la majesté plé-

béienne, en aient parfois négligé des témoignages authentiques. Cependant c'est un fait certain, constant, invincible que toutes nos dynasties ont été *les élues du peuple,* non pas dans la forme actuelle du suffrage universel, mais dans la forme alors en usage et par les suffrages des représentants de la généralité du peuple. Ainsi nous voyons Childéric, père de Clovis, élu d'abord, puis chassé pour ses désordres, puis rappelé et régnant avec Egidius (1). Ainsi, les rois mérovingiens, bien que pris dans la même famille et le plus souvent dans l'ordre de primogéniture, sont cependant élus, et c'est ce principe d'élection qui appela, plus tard, au trône les maires du palais. En 806, dans l'acte de partage juré et confirmé par Charlemagne, nous lisons : « Art. 5. Si l'un des trois frères laisse un fils *que le peuple veuille élire* pour succéder à son père dans l'héritage du royaume, nous voulons que les oncles de l'enfant y consentent et qu'ils laissent régner le fils de leur frère dans la portion du royaume qu'a eu son père. » Cet article, dit Rohrbacher, est une preuve évidente qu'au temps et dans l'esprit de Charlemagne les fils d'un roi ne succédaient point de droit absolu à leur père et que la succession du trône ne se recueillait pas sans le consentement exprimé ou présumé du peuple. Il ne faut pas oublier que cet article si libéral et si populaire est de la main de Charlemagne, qui pourtant s'entendait à régner.

Mais nous avons quelque chose de plus curieux et de plus complet : c'est une charte constitutionnelle dans toutes les règles; une charte de Louis le Débonnaire tranquille sur son trône; une charte proposée, délibérée, consentie, jurée en 817 à l'assemblée d'Aix-la-Chapelle; relue, confirmée, jurée de nouveau en 824 à l'assemblée de Nimègue; envoyée enfin à Rome et ratifiée par le pape Pascal. Dans le préambule de cette pièce, Louis déclare que les suffrages du peuple s'étant portés sur son fils Lothaire, pour la dignité impériale, cette unanimité fut regardée comme un signe manifeste de la volonté divine, et Lothaire associé en conséquence à l'empire. Dans les articles 4, 5, 6, 7 et 8 de cette même charte, l'empereur répète que *la généralité du peuple* (le mot y est) doit donner son suffrage pour l'élection du souverain (2).

A l'avènement de Hugues Capet, la question de dynastie est jugée de nouveau par les grandes assises de la nation. Dans l'assemblée qui porte ce jugement, nous voyons Adalberon, archevêque de Reims, faire reposer sur le consentement populaire la légitimité de la troisième dynastie.

Quant à la tradition nationale, elle est interprétée dans un sens conforme aux faits par Gerson, Almain, Major, Fénelon et Bossuet. Qu'on entende seulement Massillon :

« Un grand, un prince, dit l'évêque de Clermont, n'est pas né pour lui seul; il se doit à ses sujets : *les peuples, en l'élevant, lui ont confié la puissance et l'autorité, et se sont réservé* en échange ses

---

(1) Grég. de Tours : *Hist. Franc.* Liv. ii, ch. 12.
(2) Cette pièce importante se trouve : 1° parmi les Capitulaires des rois de France publiés par Baluze; 2° dans le deuxième volume des écrivains de l'Histoire de France par André Duchêne; et 3° dans les volumes cinq et six de dom Bouquet. Elle ne brille que par son absence dans les *Origines du droit français.*

soins, son temps, sa vigilance. Ce n'est pas une idole *qu'ils ont voulu se faire* pour l'adorer; *c'est un surveillant qu'ils ont mis à leur tête* pour les protéger et les défendre : *ce sont les peuples qui, par l'ordre de Dieu, les ont faits tout ce qu'ils sont;* c'est à eux à n'être ce qu'ils sont que par les peuples. *Oui, Sire, c'est le choix de la nation* qui *mit* d'abord le sceptre entre les mains de vos ancêtres; c'est *elle* qui les éleva sur le bouclier et les proclama souverains. Le royaume devint ensuite l'héritage de leurs successeurs; mais *ils le durent originairement au consentement libre des sujets :* leur naissance seule les mit ensuite en possession du trône; mais ce furent les *suffrages publics* qui attachèrent d'abord ce droit et cette prérogative à leur naissance. *En un mot, comme la première source de leur autorité vient de nous, les rois n'en doivent faire usage que pour nous* (1). »

Ainsi, la souveraineté résidant originairement et virtuellement dans la nation n'est pas une innovation révolutionnaire ni la conquête d'un prétendu progrès, c'est une réaction contre l'absolutisme absorbant de l'ancien régime et une restauration de l'ancien droit. Et cette souveraineté, l'Eglise l'a toujours reconnue, proclamée de la manière la plus explicite. Les Tyrtées à quinze francs l'article, qui roucoulent contre elle des hymnes de dénigrement, peuvent mettre une autre corde à leur lyre et cesser de nous donner dans des odes malvenues la preuve inutile de leur ignorance.

IV

A côté du grand principe de la souveraineté nationale, nous voyons deux autres principes constitutionnels de la monarchie : l'origine divine, la fonction divine du pouvoir, et la transmission héréditaire de l'autorité dans une même dynastie.

L'origine divine de la puissance temporelle est proclamée par la formule : « Louis, Charles, Henri, Napaléon, *par la grâce de Dieu,* roi ou empereur, » et par cet autre adage que « le roi de France *relève de Dieu* et de son épée. » Ce dogme politique a survécu à toutes les vicissitudes du pouvoir et il reste malgré l'affaiblissement des croyances. Nos modernes constitutions, dans leurs préambules, se déclarent presque toutes faites *en présence de Dieu.* Lorsque des *bourreaux barbouilleurs de lois* voulurent introniser parmi nous l'athéisme social, ils durent reconnaître l'inutilité de leur criminelle tentative, et l'un d'eux, forcé par la conscience française, fit graver sur le fronton des temples en deuil la mémorable maxime :

« Le peuple français, comme nation, reconnaît la royauté de Dieu. »

Au-dessous du droit divin et comme sa meilleure application, nous trouvons toujours l'hérédité. Nos rois se succèdent dans une même famille. Lorsque son sang dégénéré ne donne plus au trône que d'indignes titulaires, une autre famille est portée sur le pavois mobile du pouvoir. Une troisième, une quatrième famille arrivent ensuite au faîte. Et les fils de Mérovée, et les fils de Charlemagne, et les fils

---

(1) Petit Carême, sermon du dimanche des Rameaux, 1re partie.

d'Hugues Capet et les fils de Napoléon nous donnent dans l'histoire le spectacle imposant de quatre-vingts générations de rois.

L'hérédité, qui est un des principes de la monarchie, paraît aujourd'hui plus nécessaire qu'autrefois, et cela pour deux raisons : l'une politique, l'autre économique.

Dans l'ordre politique, les nations européennes sont arrivées toutes à former d'immenses agrégations de provinces. Là, où vous trouviez autrefois plusieurs Etats, des seigneurs, des hiérarchies d'autorités indépendantes, vous ne trouvez plus qu'une seule nation. Un vaste territoire, une population nombreuse, une grande complication d'intérêts et de passions, un grand essor de forces divergentes, demandent qu'il y ait au centre de ce peuple ce que nous appelons *le pouvoir fort*, le pouvoir qui ne connaît ni les défaillances de l'homme, ni les troubles de la mort. L'ordre et la liberté des nations exigent qu'on dise avec plus d'assurance que jamais : « Le roi est mort, vive le roi ! »

Supposez seulement, avec le développement des entreprises industrielles, que la question de gouvernement se trouve posée à chaque décès de souverain, ne résultera-t-il pas de cette perspective un grand embarras pour les affaires ? Nous avons vu en 1854 ce que peut produire l'incertitude à cet endroit. Depuis, les intérêts ont pris un nouvel essor. En admettant l'augmentation très-probable qu'ils doivent obtenir, ne doit-on pas penser que les peuples européens, sous peine de mort, sont dans la nécessité de multiplier toutes les conditions de paix. Le pouvoir héréditaire est une de ces conditions et même une des meilleures. Je dirai volontiers qu'il y a pour nous cette alternative : ou admettre la pacifique succession des souverains, ou languir.

V

Dira-t-on maintenant, en s'appuyant sur la souveraineté nationale, que tout pouvoir vient de l'homme ; que tout citoyen ayant part à la constitution du pouvoir a droit par-là même de le contrôler, et, en cas de refus d'amendement, de le détruire ? Dira-t-on que la communauté du peuple étant la source de l'autorité est par là-même sa règle, et que la conscience du pouvoir est à la merci des volontés changeantes, mais irresponsables de la multitude ?

Dira-t-on, avec plus de justice, que les princes, par suite de l'origine divine du pouvoir, ne doivent compte de leurs actes qu'à Dieu, et que la société, quels que soient leurs écarts, n'a rien à faire qu'à les subir ?

Dira-t-on enfin que, le principe de l'hérédité admis, le pouvoir appartient de droit absolu au prince du sang même incapable, et quelle que soit la volonté, je ne dis pas contraire, mais différente de la nation ?

De pareilles affirmations ne sont point les conséquences légitimes de principes vrais, ce sont des monstruosités. L'hérédité exagérée, c'est l'absurdité ; le droit divin exagéré, c'est le despotisme avec toutes ses horreurs ; la souveraineté nationale exagérée, c'est l'anarchie avec tous ses désordres. Il faut entendre les choses dans la juste mesure de la raison. La monarchie repose sur trois principes essentiels ; pour les respecter, il faut les concilier.

La volonté de Dieu est qu'on obéisse à toutes les puissances régulièrement établies. Voici un peuple provisoirement en république et un trône en déshérence. Au milieu de ce peuple agité un homme s'élève qui, prenant en main le pouvoir abandonné, se montre véritablement chef de peuple en ramenant au devoir des générations égarées. Ce peuple confirme le pouvoir à cet homme, qui l'a déjà pris par la force des choses, et qui doit le garder par la nécessité même des circonstances. Il y a peut-être dans l'acclamation populaire quelque entraînement irréfléchi, peut-être peut-on faire sur l'élection nationale quelques critiques de détail. Ce serait merveille qu'il n'y eût pas quelques ombres à un acte qui ne comporte pas d'unanimité mathématique; mais peut-on raisonnablement dire que ce prince n'est pas légitime, et qu'il n'y a pas lieu de le saluer comme le chef d'une nouvelle dynastie?

Une suite d'événements providentiels, un homme qui rend des services, un peuple qui choisit librement cet homme, telles sont les conditions essentielles et la consécration légitime de tout pouvoir nouveau.

Nos traditions nationales n'ont qu'un cri pour confirmer la vérité de ces origines.

Deux sortes d'esprits, je le sais, contestent ces aphorismes du bon sens politique. Les uns, attachés à d'anciennes familles royales, ne méconnaissent ni le mouvement social qui prépare l'avènement d'une nouvelle famille, ni le consentement de la nation qui réclame un sauveur, ni l'œuvre de gloire qui met en évidence les restaurateurs du trône; mais ils font à une dynastie commençante un crime de sa nouveauté, et ils en contesteraient la légitimité parce qu'ils se bercent dans la poésie des souvenirs. — Hélas! il ne paraît point dans la destinée des peuples et dans les vœux de la Providence que la même famille donne à la même nation une succession indéfinie de souverains. La race des César et des Charlemagne s'est éteinte; elle s'est éteinte même d'autant plus vite qu'elle procédait d'une souche plus vigoureuse. Les peuples les plus pacifiques comptent plusieurs dynasties. En reconnaissant donc le prestige d'une antique origine, on ne supprime pas pour cela ces commencements de familles régnantes qui rachètent leur nouveauté par leur grandeur. Dire d'une dynastie qu'elle est nouvelle, c'est reconnaître d'abord *qu'elle est;* ensuite, c'est donner à entendre qu'elle doit être d'autant plus chère au peuple qu'elle est plus rapprochée du temps où elle a reçu la consécration de la reconnaissance nationale.

Les autres, tenant aussi peu compte des faits que des principes, déclarent que les peuples n'ont rien à faire de leurs antécédents, et qu'une monarchie de quatorze siècles peut bien interrompre tout à coup sa marche et se réformer sur des utopies généreuses ou sur des plans merveilleux d'améliorations soudaines. Des réformateurs qui abdiquent l'histoire et s'attachent à l'avenir, échappent à la discussion. Comment *croire,* cependant, — car ici il faut une foi robuste, — comment croire à ces réformes instantanées et se bercer de rêves d'or? La terre sera longtemps encore un lieu d'épreuves. Pour y réaliser à grand'peine quelques améliorations modestes, il faudra toujours le concours du temps et l'appui de la prudence. Le passé est le miroir de l'avenir;

si nous voulons voguer à la découverte de l'avenir, il faut nous embarquer sur le vaisseau de la tradition.

VI

D'après ces prémisses, Napoléon III, « par la grâce de Dieu et la volonté nationale, empereur des Français, » est souverain légitime au même titre que Clovis, que Charlemagne, que Robert le Pieux, que Philippe de Valois, Louis XII, François Ier et Henri IV. Les successeurs de Napoléon III seront souverains légitimes au même titre que tous nos autres souverains (1).

Ceux qui contesteraient ces affirmations sont des esprits faux qu'on ne peut réfuter que par le mépris, ou des esprits factieux qu'il faut surveiller. Car enfin, si nous voulions adhérer à leurs récriminations, force nous serait de dire que tous nos souverains ont été usurpateurs, que le peuple français a été continuellement victime, que l'histoire est une duperie, et que, pour bien faire, il faut ou nous jeter dans les aventures anarchiques, ou chercher, dans la poussière de la famille mérovingienne, le légitime successeur du dernier roi fainéant.

La légitimité napoléonienne bien constatée, convient-il, parce qu'il y a des factieux et des utopistes, de parler à tout propos de la légitimité de la quatrième dynastie, sauf à la mettre à cent piques au-dessus de toutes les autres ? Non. Soulever cette question, c'est faire croire qu'elle est à résoudre, et répandre inutilement l'incertitude.

Mais, en admettant la nécessité d'agir sur l'opinion pour attirer ses sympathies, convient-il de ne rattacher la dynastie qu'aux suffrages des électeurs ? Non. Les suffrages de la nation ont glorieusement élevé Napoléon III, mais aujourd'hui les deux meilleurs titres de sa dynastie sont l'hérédité et le droit divin du pouvoir. C'est à ces titres qu'il faut s'attacher, sans oublier les suffrages du peuple, si l'on veut diminuer l'esprit de rébellion et mettre de solides étais sous les pieds du trône.

A coup sûr, il ne faut pas se faire d'illusions sur la puissance des doctrines qui émanent du pouvoir temporel. Un pouvoir qui se recommande de Dieu à des hommes qui ne croient pas en Dieu, qui rappelle l'obligation morale de l'obéissance à des hommes qui ne croient pas à l'existence de l'ordre moral, fait peu pour sa conservation, mais du moins il ne fait rien pour son renversement. D'ailleurs rien ne l'empêche de joindre à l'influence des sages doctrines le crédit autrement persuasif de ses œuvres. Et puis, si les princes peuvent peu sur les âmes, l'Eglise est là pour les diriger et asseoir par son action sanctifiante l'ordre public sur la solide base des convictions et des vertus.

Ma conclusion est donc que les princes ne doivent pas oublier qu'ils sont les élus du peuple ; mais il faut rappeler sans cesse aux peuples que les princes sont les élus de Dieu.

(1) On a reproché à M. de La Rochejacquelein de s'être rallié à l'Empire. Le noble marquis, par ce ralliement, est resté fidèle à ses principes. Tous les légitimistes éclairés et conséquents doivent être partisans de la IVe dynastie.

VII

J'entends les clameurs accusatrices. Aujourd'hui, en France, quiconque n'est pas rebelle est réputé servile. On va m'accuser de trahir la liberté et de faire litière de tous les projets de bien-être que couvent avec amour les rédempteurs actuels de l'humanité.

J'accepte l'accusation, mais pour la confondre. Avant de la discuter, je dirai que la liberté et le bien-être me paraissent plus que jamais l'objet des aspirations de l'Europe. Depuis le déluge, les fils de Japhet travaillent à avoir le plus d'ordre possible dans la société et le moins possible de gouvernement. Aujourd'hui particulièrement, c'est le grand souci des peuples d'obtenir de la liberté tout ce qui va à la reconnaissance de la dignité humaine et à la garantie de tous les droits. Un autre de leurs soucis, c'est de résoudre le terrible problème du paupérisme, ou, si l'on veut, de procurer au plus grand nombre la plus grande somme de bien. Bien-être et franchises, telle est la devise des peuples européens.

En appelant sur le trône de France une quatrième dynastie, Dieu lui donne pour vocation d'assurer sa durée et de garantir sa gloire en résolvant ces deux problèmes.

La question de bien-être est une question de pot-au-feu et une question de vertu. La dynastie des Bourbons a commis la grande faute de ne s'occuper guère que de bien-être matériel, et elle a péri de pléthore ; la dynastie des Habsbourg a commis la faute de négliger ce bien-être, et elle meurt de faim. La santé pour l'homme, c'est d'avoir *mens sana in corpore sano ;* la santé des nations, c'est de posséder, avec de convenables développements et une juste proportion, le bien des corps et le bien des âmes. La dynastie des Bonaparte est appelée à nous donner ce double élément ; c'est la première partie de sa tâche, et aussi le premier principe de sa grandeur.

La question de liberté arrive à terme par la solution de la question du bien-être. Lorsque nous aurons reconquis la dignité morale, la délicatesse des mœurs, la conscience publique, l'aisance, il sera plus facile de rendre à *l'individu,* à *la famille,* à *la commune* ces franchises qui font le prix, quelquefois l'écueil, et toujours l'honneur de la vie.

Encore une fois, une dynastie qui veut se perpétuer doit offrir aux peuples ces deux avantages : le bien-être et la liberté.

Mais, pour qu'une dynastie puisse les assurer, il faut le concours du peuple qui doit en tirer bénéfice, et ce concours implique tout d'abord le respect du pouvoir.

Le premier devoir qu'impose ce respect, c'est de ne point mettre en cause la légitimité de la dynastie, c'est de reconnaître son droit pour ne point troubler ou entraver son génie de gouvernement. Le premier gage de nos espérances, c'est l'affermissement du pouvoir. Le plus sûr, peut-être l'unique moyen d'y réussir, c'est d'entendre d'une manière consciencieuse le grand devoir de l'obéissance.

De ce que les titres du pouvoir qui nous gouverne sont bien garantis, il ne s'ensuit pas que la liberté française soit en danger. Le droit consolide ce qui est juste; et à coup sûr ce qui assure la justice ne peut être accusé de conduire au despotisme. Tout au contraire, la raison, l'histoire et l'expérience enseignent que tous les pouvoirs contestés sont tyranniques. L'illégitimité entraîne après soi la faiblesse; les pouvoirs oppresseurs ne sont point les forts, mais les faibles. La véritable tyrannie consiste en ce que celui qui gouverne a soin de ses propres intérêts, non de ceux du public; or, c'est précisément ce qui arrive, lorsque se sentant faible, chancelant, il se trouve obligé de prendre soin de sa conservation. Son but alors n'est plus la société, mais lui-même; au lieu de songer au bien de ceux qu'il gouverne, il n'agit plus qu'en calculant l'utilité qu'il retirera de ses propres mesures.

En parcourant l'histoire, on voit partout écrite en lettres de sang cette vérité importante : « Malheur aux peuples gouvernés par un pouvoir obligé de penser à sa propre conservation. » Vérité fondamentale dans la science politique, vérité oubliée, hélas! d'une manière lamentable dans les temps modernes! Quels prodigieux efforts n'a-t-on point faits et ne fait-on pas encore afin de créer des garanties à la liberté? Pour y parvenir, on a renversé des gouvernements et on prend encore à tâche de les affaiblir, sans songer que c'est le plus sûr moyen d'introduire l'oppression. Comment a-t-on pu oublier que la légitimité du pouvoir est un élément indispensable pour constituer la force du pouvoir, et que cette force est la plus sûre garantie de la véritable liberté?

Pour moi, je pose à la France fatiguée d'incertitude et lasse d'aventures l'inévitable dilemme : ou reconnaître les trois principes constitutionnels de la monarchie et la légitimité du pouvoir, ou être livré à une inévitable alternative de servitude et d'anarchie; un même fait sous deux formes : *l'empire de la force,* si nous n'acceptons pas la force de l'empire.

LES ÉTRENNES DE L'IMPÉRATRICE

Chaque fonction a ses grâces d'état; la fonction souveraine en doit avoir plus que toutes les autres. Comment supposer que l'homme, chargé du gouvernement d'un peuple, ne recevrait du Ciel que la dose commune de bénédiction? Toutefois, il est juste de reconnaître que la plus haute élévation, même avec les plus grandes grâces, n'est pas sans inconvénients. Ainsi un roi, placé au faîte des choses, peut voir très-loin et ne pas voir à ses pieds. Il est donc nécessaire qu'il ait ses conseils. Mais, pour que le conseiller vaque aux devoirs de sa charge, il est nécessaire aussi qu'il respecte la majesté de son souverain. Sans doute il faut dire la vérité aux rois; il faut plus encore leur laisser la liberté d'action et prier pour eux *Celui de qui relèvent tous les empires*.

La charge de conseiller des rois est, après la royauté même, la plus difficile charge de la société. Il y a peu d'hommes qui sachent se dépouiller de l'esprit particulier; il y en a moins encore qui sachent prendre l'esprit royal.

Mais voyez un peu à quoi sert la presse. Dans les bureaux de chaque journal, il n'y a pas moins d'une douzaine de bons apôtres, qui se flattent, bien entendu, d'en remontrer à tous les ministres. A cent journaux par pays, cela donne douze cents conseillers extraordinaires. Ensuite, il n'est si mince lecteur de journaux qui ne se persuade au coin de son feu, en absorbant les plus absurdes tartines, que son souverain n'entend rien aux affaires. A force de lire, relire et d'entendre toujours les mêmes répétitions, il en vient à se dire intérieurement : « Ah ! si j'étais seulement roi pendant vingt-quatre heures ! »

Avant d'arriver à mon fait, j'ai fait ces réflexions, moitié pour m'accuser, moitié pour m'absoudre. Car je viens aussi offrir un petit conseil, et en prenant la liberté de l'offrir, je ne voudrais pas donner à plat dans l'absurdité générale.

Mais je vous entends me dire : « Quel conseil allez-vous donner? — Ah ! dam, si je n'en donne qu'un, il faut y réfléchir. Lorsqu'on fait tant que de s'en mêler, il faut bien trouver un mot qui vaille de grands discours. — Est-ce un conseil politique? — Mon Dieu, je l'avoue, j'en ai eu la tentation, mais j'ai résisté ! Une douzaine de ministres, trois cents sénateurs, trois cents députés, quarante conseillers d'Etat, douze cents journalistes, quatre ou cinq millions de lecteurs de journaux, cela me paraît suffire pour éclairer l'Empereur. — Est-ce une réforme administrative ou une innovation judiciaire? — Non. N'avons-nous pas pour cela cent préfets, un bon millier de sous-préfets, des présidents en robes de toutes couleurs, et des juges avec de grands bonnets carrés? — Est-ce une petite idée sur la tenue du soldat, sur les canons rayés, les chaloupes canonnières et autres bimbeloteries? — Et nos officiers, capitaines, colonels, généraux, maréchaux, amiraux, vous prenez donc tous ces braves pour des ignorants. — Est-ce une opinion un peu neuve sur le dressage des chevaux, la culture de la betterave et le progrès de l'agriculture? — Ah! que non. — Mais, enfin, accouchez donc. »

Enfin, puisqu'on a l'air de tenir à mon conseil, il faut s'exécuter. Donc je voudrais qu'au jour de l'an S. M. l'Empereur des Français offre à S. M. l'Impératrice un jeu d'aiguilles à tricoter et trois pelotes de laine. Chaque soir d'hiver, pendant que l'Empereur lirait son journal, et que le Prince impérial, assis sur son tabouret, ferait ses devoirs et apprendrait l'Evangile, l'Impératrice tricoterait des bas pour ceux qui vont pieds nus.

En voilà une d'originalité! — Originalité si vous voulez, mais qui peut se soutenir par les meilleures raisons. Permettez à dame logique de dévider un peu son écheveau.

Quand je dis que l'Impératrice prendrait son tricot chaque soir, un peu à l'exemple de plus d'une reine illustre, il est entendu qu'il n'y a pas de règle sans exception. Une souveraine a souvent autre chose à faire qu'à tricoter. L'Impératrice prendrait son bas seulement de temps en temps; cela suffirait pour l'exemple et pour les bons résultats.

L'exemple qui serait donné porterait d'autant plus loin qu'il viendrait de plus haut. Il y a en France un nombre considérable de femmes bien élevées qui tuent le temps à ne rien faire. Un tricot ne suffirait pas pour prévenir tous les bâillements; il faut autre chose pour y porter remède : du moins il aurait l'avantage d'en empêcher plusieurs, d'être ainsi une source de bonheur et un instrument de vertu.

Les résultats qui s'ensuivraient sont immenses. Tout le monde connaît l'adage poétique :

Regis ad exemplar totus componitur orbis.

En bon français, cela signifie que si l'Empereur offrait à l'Impératrice un tricotage, les ministres, maréchaux, amiraux, sénateurs, administrateurs, magistrats, hommes de grande noblesse et de petite bourgeoisie, tous voudraient offrir à leurs nobles épouses les trois pelotes de laine et le jeu d'aiguilles. En bon français, cela signifie encore que si l'Impératrice tricotait, les femmes distinguées de tous ordres et de tous rangs, au lieu de broder des cols ou de tisser des pantoufles, ou de ne rien faire d'utile, tricoteraient des bas. En bon français, enfin, cela signifie qu'un nombre incalculable de gens qui vont nu-jambes se couvriraient les mollets avec de forts bas de laine supérieure qui leur feraient monter au cœur la douce et durable chaleur de la gratitude.

Maintenant, pour faire aller ces bas des mains de l'Impératrice aux pieds des pauvres, il faut l'intermédiaire des curés. Les curés connaissent très-bien ceux qui manquent de chaussures; en devenant aumôniers de la cour et des nobles dames, ils prendraient, si j'ose dire, un plus vif attachement aux classes élevées de la société, et deviendraient eux-mêmes plus chers aux classes si tourmentées du prolétariat.

Vous allez me dire que cela ne peut se faire; qu'il en résulterait dommage pour le commerce et forfaiture pour les mains de noble lignage. — Du tout. Au contraire, cela ferait aller le commerce de la laine et des aiguilles, et cela ne nuirait pas au commerce des bas, puisque les susdits bas n'iraient qu'à ceux qui n'en achètent point.

Quant à la forfaiture des nobles mains en touchant à l'aiguille, c'est une pure illusion. Marie-Antoinette, au milieu des splendeurs de Versailles, avait voulu s'établir laitière à Trianon. Ses mains royales touchaient au pis des vaches, au lait, à la crème, au beurre, et, après l'échafaud, il n'y a rien qui la recommande plus à la sensibilité de l'histoire. La charrue a fait les trois quarts du relief de Cincinnatus. Aujourd'hui encore l'empereur de Chine passe, dit-on, une fois l'an, la grosse blouse de toile bleue, et ensemence un champ de riz. Pourquoi l'Impératrice ne toucherait-elle pas à l'aiguille? Pourquoi les motifs de charité qui la porteraient à descendre à ces vulgaires occupations ne la placeraient-ils pas, au contraire, à côté des Pulchérie, des Radegonde, des Blanche de Castille, des Elisabeth, et de toutes les femmes qui ont trouvé dans l'application aux petites choses le trait distinctif de l'immortalité?

Autre temps, autres mœurs? Les souverains du moyen âge descendaient de leur château dans la chaumière du pauvre ou dans la chambrette de l'hospice; aujourd'hui il paraît difficile que cette courageuse abnégation rentre dans les usages des cours. Mais, encore une fois, pourquoi une souveraine ne continuerait-elle pas à servir les pauvres et à les vêtir de sa charité? J'ose dire, pour ma part, qu'en prenant tout simplement l'aiguille, une souveraine, par le mérite de son initiative, par le courage de sa persévérance, par l'entraînement de ses exemples et les bienfaits de leurs résultats, ferait plus pour la bénédiction des trônes et pour leur solidité que ne font mille autres petits moyens de se faire bien venir des peuples.

Enfin, comme il faut toujours avoir un peu confiance dans ses idées, disons pour finir que l'introduction de l'aiguille aux Tuileries serait toute une révolution.

Dieu veuille que le prochain jour de l'an voie les trois pelotes de laine et le jeu d'aiguilles sur la table à ouvrage de l'Impératrice !

CHAUMONT, TYP. C. CAVANIOL.